L'ABOLITION

DE LA TRAITE

DES NOIRS.

Cette épître a concouru sous le n° 15.

L'ABOLITION

DE LA

TRAITE DES NOIRS.

ÉPITRE

AUX SOUVERAINS DE L'EUROPE

RASSEMBLÉS AU CONGRÈS DE VIENNE;

Qui a obtenu la première mention honorable, au jugement
de l'Académie Française,

A LA SÉANCE PUBLIQUE DU 25 AOUT 1823.

PAR A. BIGNAN.

A PARIS,

DE L'IMPRIMERIE DE FIRMIN DIDOT,

IMPRIMEUR DU ROI, RUE JACOB, N° 24.

1823.

L'ABOLITION

DE LA

TRAITE DES NOIRS.

ÉPITRE

AUX SOUVERAINS DE L'EUROPE

RASSEMBLÉS AU CONGRÈS DE VIENNE.

Cette épître est censée avoir été composée en 1814.

Heu ! fuge crudeles terras, fuge littus avarum.
Virg. *Æneid.*

Rois de l'Europe (1), ô vous qui du monde incertain
Dans ce conseil auguste agitez le destin,
Lorsque la paix, des lois relève l'édifice,
Souffrirez-vous encor qu'un silence complice

1.

Voile des attentats dont la pitié gémit,
Dont s'indigne l'honneur, dont l'équité frémit?
Vaincre la tyrannie et détrôner le crime,
Au joug de l'oppresseur arracher la victime,
A force de bienfaits expier le pouvoir,
Protéger et sauver, tel est votre devoir.
Appuis de l'infortune, amis de l'innocence,
Un grand abus réclame une grande vengeance.
Imitez vos aïeux (2) : si leurs royales mains
Jadis, en les touchant, guérissaient les humains,
Fermez d'un mal sanglant la blessure profonde,
Et que l'amour des rois soit le salut du monde.

Sous les feux dévorants du soleil africain,
Le Despotisme, assis sur son trône d'airain,
Des bords du Sénégal aux rives du Zaïre,
Fonde sur l'esclavage un homicide empire,
Se souille impunément du sang de ses sujets,
Et, riche de leurs pleurs, sourit à ses forfaits.
Là, depuis trois cents ans, un trafic (3) sacrilége,
Que la fraude établit, que la guerre protége,
Partout offre en spectacle à l'œil épouvanté

L'homme vendu par l'homme, et par l'homme acheté.

Voyez-vous ces captifs, errante caravane (4),

Qu'aux tourments de l'exil l'avarice condamne,

Sous la fourche étrangère abattus et meurtris,

Traîner vers ces bazars leurs palpitants débris?

Voyez les malheureux que dans son gouffre avide

Dévore par monceaux ce négrier * perfide,

Tout nus, le sein (5) flétri du sceau des criminels,

Laisser à leurs déserts des adieux éternels;

Voyez-les, s'arrachant leur vile nourriture,

Respirant, au lieu d'air, une vapeur impure,

Chargés des mêmes fers, voués aux mêmes maux,

Ramper ensevelis dans leurs flottants tombeaux.

Que de douleurs rassemble un aussi faible espace!

Tantôt, des justes lois pour tromper la menace,

Leur maître (6) à la fureur des ondes et des vents

En d'étroites prisons les expose vivants;

Tantôt, d'un mal hideux s'ils vont périr victimes,

Son bras les précipite au fond des noirs abîmes,

Ou, ranimant l'ardeur de leurs corps languissants,

---

* C'est le nom du bâtiment employé à la *Traite*.

Les contraint d'agiter leurs fers retentissants ;

Et le fouet inhumain, docile à la cadence,

Presse à coups redoublés cette exécrable danse.

Malheur à qui survit ! une plus longue mort

Est l'hospitalité qui l'attend dans le port.

Et quels yeux sans pleurer supporteraient l'image

Des tourments précurseurs qu'endure son courage ?

Tandis que ces colons, sous un ombrage épais,

Demandent au sommeil une coupable paix,

Aux premiers feux du jour (7), dans cette plaine immense,

Inondé de sueurs, haletant de souffrance,

Ce nègre se consume en serviles travaux

Pour creuser le sillon qui nourrit ses bourreaux.

D'un moment de repos implore-t-il la grace ?

Le fouet du commandeur, châtiant son audace,

Le frappe, le déchire, et fait voler dans l'air

Les lambeaux dispersés de sa mourante chair.

Faut-il vous retracer les infames supplices

Qui sillonnent son corps de mille cicatrices,

Ces lourds colliers de fer, et ce poteau sanglant

Où son cadavre nu, sous un soleil brûlant,

Du condor affamé dégoûtante pâture,
Charme l'Européen de sa lente torture?
Ose-t-il, révolté contre tant de forfaits,
D'un code (8) tutélaire invoquer les bienfaits?
Sa plainte est une offense.... où trouver un refuge,
Quand son premier tyran devient son premier juge?
Il se tait... seulement, en regardant les mers *,
Une larme muette a tombé sur ses fers.
Le malheureux, chargé d'entraves inhumaines,
Redemande à ses dieux les plages africaines,
Ces palmiers au front vert, ces arbres aux fruits d'or,
Dont sa bouche altérée exprimait le trésor,
Des larges bananiers la voûte parfumée,
Des toits de sa tribu l'ondoyante fumée **,
L'oiseau que de sa flèche il perçait dans les airs,

* Pontum aspectabant
Flentes.

        Virg. Æneid.

** Αὐτὰρ Ὀδυσσεὺς
Ἱέμενος καὶ καπνὸν ἀποθρώσκοντα νοῆσαι
Ἧς γαίης, θανέειν ἱμείρεται.

        Homère, *Odyss.* chant I.

Ces fleuves, ces torrents, ces rochers, ces déserts,
Ces déserts où souvent la main de la nature
Change une mer de sable en île de verdure.
Ces rivages, témoins de son jeune bonheur,
Absents de ses regards, sont présents à son cœur;
Nuit et jour il regrette une mère chérie,
Un frère, des amis, tout enfin, la patrie;
Et quand, las de souffrir, il succombe, ses yeux
Vers l'horizon natal tournent de longs adieux.

Rois du monde, telle est l'injuste destinée
De l'esclave noirci des feux de la Guinée.
Quand ce Génois, des mers vainqueur ambitieux,
Devina, découvrit, conquit de nouveaux cieux,
Pensait-il qu'un chemin frayé par son génie
Verrait sur l'Océan voguer la tyrannie?
Ah! si l'Américain, dans ces gouffres profonds
Où jamais du soleil ne tombent les rayons,
Pauvre au sein des trésors qu'il dispute à la terre,
Arrose de ses pleurs le pain de la misère,
S'il semble, de la vie ayant franchi le seuil,

Préluder à sa mort en creusant son cercueil,
Faut-il que les enfants de la brûlante zône,
Des rives du Niger aux bords de l'Amazone,
Voués, avant de naître, à de sanglants tributs,
Comme de vils troupeaux indignement vendus,
N'obtiennent, exilés sur des plages lointaines,
Qu'une fraternité de douleurs et de chaînes?
Des droits sacrés de l'homme hommes deshérités,
Ces tourments, ces affronts, les ont-ils mérités?
L'Europe a-t-elle vu dans ses villes en cendre,
Le ravage à la main, leurs peuplades descendre?
Ont-ils de leurs tyrans provoqué le courroux?
Ils les sauvent encore en tombant sous leurs coups:
Tandis que l'étranger, dépeuplant leur patrie,
Sur leurs frères captifs étend sa barbarie,
Leur case hospitalière (9), ouverte au voyageur,
Sous son toit bienfaisant accueille le malheur;
Ou d'un colon ingrat quand le sort les sépare,
Un sombre désespoir de leur ame s'empare,
Et l'arbre de la mort (10), leur prêtant son rameau,
De leurs corps suspendus balance le fardeau.
Qu'aux enfants du désert l'innocence est facile!

La vertu dans leur cœur s'est créé son asyle.

Voyez ce fils en pleurs (11), quand son maître inhumain

Lève contre sa mère une insolente main :

« Frappe-moi, lui dit-il, j'implore ta colère ;

« Frappe-moi, prends mes jours, mais épargne ma mère.»

Les cruels ! voilà donc le peuple infortuné

Qui du nom de barbare est par eux profané !

D'un sauvage climat conquérants plus sauvages,

Eux seuls, eux seuls au crime ont instruit ces rivages ;

Eux seuls de la nature ont méconnu la voix ;

La nature leur crie : « Arrêtez ! de quels droits

« Venez-vous, teints de sang, gorgés d'or et de vices,

« Jeter sur ces mortels vos mains usurpatrices ?

« Le tigre du Sahra, qui, poussé par la faim,

« Dans son brûlant repaire emporte l'Africain,

« Étincelant de rage et bondissant de joie,

« Déchire, impatient, sa palpitante proie :

« Mais vous, de ses tourments jouissant à loisir,

« Dans chacun de ses pleurs vous goûtez un plaisir !

« Barbares ! déposez ces verges meurtrières !

« Ce sang que vous versez c'est le sang de vos frères !

« Et quels sont leurs forfaits? La couleur de leur front

« Les a-t-elle marqués d'un éternel affront?

« Votre orgueil pense-t-il, outrageant leur faiblesse,

« Au rang des animaux rabaisser leur noblesse?

« Nés libres comme vous, d'un œil audacieux *

« Ne contemplent-ils pas l'immensité des cieux?

« N'ont-ils pas, comme vous, dans leur ame immortelle **

« Reçu du feu divin la sublime étincelle?

« Pourquoi donc leur ravir ces droits indépendants

« Qu'un Dieu, père équitable, accorde à ses enfants?

« Tous à la même source ont puisé l'existence,

« Et l'Éternel entr'eux n'a point mis de distance.

« Qu'importe un vain partage et de biens et de maux?

« Leurs destins sont divers, leurs titres sont égaux.

« Voyageurs séparés, tous arrivent ensemble

« Au vaste rendez-vous où la mort les rassemble;

« Oui, la mort frappera de ses communs arrêts

* Os homini sublime dedit cœlumque tueri

Jussit et erectos ad sidera tollere vultus.

Ovid. Metamorph.

** Igneus est ollis vigor et cœlestis origo.

Virg.

« L'habitant des déserts et celui des palais ;

« Et lorsqu'un même dieu, dans la même balance

« Pèsera d'un coup d'œil le crime et l'innocence,

« Le tyran mis aux fers, l'esclave en liberté,

« Entreront tous les deux dans leur éternité. »

Puissent ces cris vengeurs qu'élève la nature,

D'une basse avarice étouffer le murmure !

A quel prix la mollesse achète ses trésors !

Toutes ses voluptés sont autant de remords.

Le luxe efféminé, dont la lèvre indolente

Savoure le plaisir dans sa coupe opulente,

Sait-il qu'un peuple entier, pour lui seul gémissant,

Lui verse goutte à goutte et ses pleurs et son sang ?

En vain la politique, artisan des grands crimes,

Colore leur noirceur de ses fausses maximes.

Quelle excuse inventer pour ces vils attentats ?

La gloire ? Peut-elle être où l'équité n'est pas ?

L'intérêt ? Quel espoir anime l'industrie,

Si, cultivant un sol qui n'est pas leur patrie,

Ces mortels, dans leurs maux condamnés à vieillir,

Doivent semer toujours sans jamais recueillir ?

Le besoin? Mais voit-on dans les champs de l'Asie
De leurs dons embaumés s'épuiser l'ambroisie?
L'arbrisseau d'Yémen de ses grains odorants
Cesse-t-il d'épancher les trésors enivrants?
Et le miel savoureux des roseaux du Bengale
Ne s'échappe-t-il plus de sa prison natale?
La force? Son abus ébranle son pouvoir.
La liberté souvent naquit du désespoir (12).
Cet esclave courbé sous trois siècles d'outrage,
Des débris de ses fers peut armer son courage,
Et vous demander compte, au nom du genre humain,
Du sang des malheureux qu'opprima votre main.
Son courroux est captif, mais il est inflexible;
Plus l'orage a dormi, plus il gronde terrible :
Ainsi, près de Quito, dans ces heureux vallons
Dont les fils du soleil fécondent les sillons,
Sous un beau ciel d'azur, la tranquille jeunesse,
Cueillant des blonds épis l'ondoyante richesse,
Sourit..... Quand tout à coup jusqu'en ses fondements
Le mont tremble ébranlé de sourds mugissements;
Le volcan, dont le feu languit long-temps esclave,
Tonne, éclate, vomit un déluge de lave,

Et, d'un siècle en un jour renversant les travaux,

Où flottaient des moissons fait rouler des tombeaux.

Rois, d'un futur péril affranchissez la terre;

Proscrivez un trafic proscrit par l'Angleterre (13);

Si par ses longs efforts le monstre combattu

Redresse encor l'orgueil de son front abattu,

Si d'un regard mourant il vous menace encore *,

Frappez du dernier coup ce nouveau Minotaure.

Reste-t-il impuni? l'univers irrité

Soulève contre vous son immortalité.

Expire-t-il vaincu? votre auguste mémoire

Se crée un avenir de respect et de gloire.

On déteste Pizarre, on bénit Las Casas.....(14)

Si ce prêtre héros, transfuge du trépas,

L'œil en pleurs, le front pâle, errant sur ce rivage,

D'un monde de captifs contemplait l'esclavage,

Ses mânes indignés élèveraient la voix

Pour défendre le peuple au tribunal des rois :

« Armez-vous, dirait-il, l'Africain vous implore

---

* Oculos volvens in morte minaces.

                         Ovid.

« Contre un joug qui l'opprime et qui vous déshonore.

« C'est à vous d'abolir ce fléau destructeur,

« Marqué par l'Éternel du sceau réprobateur (15).

« En vain prétendez-vous de ces mortels sauvages

« Au culte du vrai Dieu ramener les hommages.

« Faut-il, leur imposant l'opprobre de vos fers,

« Au lieu de l'éclairer, embraser l'univers ?

« Espérez-vous fléchir leur rebelle croyance

« Par des arrêts de sang et des lois de vengeance ?

« Sous vos chaînes meurtris, sous vos coups expirants,

« Voudront-ils pour leur dieu le dieu de leurs tyrans ?

« Ah ! que n'imitez-vous ces prêtres magnanimes

« Qui, de la charité volontaires victimes,

« D'une main l'évangile et de l'autre la croix,

« D'un Dieu consolateur faisaient parler la voix !

« Prodigues des vertus dont vous êtes avares,

« Tous régnaient par l'amour sur ces peuples barbares ;

« Tous défendaient leurs droits, et vous les outragez !

« Tous s'immolaient pour eux, et vous les égorgez !...

« Hommes, compâtissez aux humaines misères * ;

* Homo sum et humani nihil à me alienum puto.

TÉRENT.

« Rois, plaignez des sujets chrétiens, sauvez des frères.

« Que vos vaisseaux amis, s'ils volent sur leurs bords,

« D'une double industrie échangent les trésors;

« Qu'un commerce innocent, par ses chaînes fécondes

« Rapprochant sur les mers l'intervalle des mondes,

« Pour base désormais adopte l'équité,

« Pour soutien la vertu, pour but l'humanité.

« Dans l'univers entier qu'un seul cri retentisse :

« Gloire à la bienfaisance! opprobre à l'injustice!

« Partout des nations ressuscitez les droits;

« Rendez son frein au crime, et leur respect aux lois;

« Frappez; et de vos bras quand l'accord salutaire

« Aura servi les cieux en délivrant la terre,

« Dans le fond du tombeau reprenant ma fierté,

« Je frémirai de joie au cri de liberté. »

FIN DE L'ÉPITRE.

NOTES.

(1) Rois de l'Europe, ô vous qui du monde incertain….

Les conseils et les faits que cette épître renferme peuvent s'appliquer à l'époque actuelle. En effet, la *Traite* poursuit ses ravages sur les côtes occidentales de l'Afrique ; les aventuriers, marchands d'esclaves, y bravent les peines sévères et même infamantes portées par les lois d'abolition. Chaque jour, des brigands enlèvent les victimes de la cupidité des princes barbares que l'offre d'une pièce de toile ou d'une barique d'eau-de-vie transforme en tyrans de leurs propres sujets. Mille attentats récents prouvent que cet odieux brigandage a repris la plus effrayante activité : je me bornerai à citer l'affaire de la *Vigilante*, bâtiment négrier de Nantes, qui a été capturé, le 15 avril 1822, par le lieutenant Mildmay, dans la rivière Bonny, sur la côte d'Afrique. Ce navire a été condamné, le 5 mars dernier, par jugement du tribunal correctionnel de Nantes.

(2) Imitez vos aïeux.

On sait que jadis la croyance populaire attribuait aux rois, et principalement à ceux de France et d'Angleterre, le privilège de guérir, par leur simple toucher, certaines maladies cutanées.

(3) Là, depuis trois cents ans, un trafic sacrilége, etc.

Il existe en Afrique quatre classes d'esclaves : la première comprend les prisonniers de guerre; la seconde, les condamnés pour dettes; la troisième, les criminels; la quatrième, les esclaves de naissance. La première de ces classes est celle qui fournit le plus d'aliment à la Traite. Cet exécrable trafic se soutient à l'aide des guerres, tantôt excitées par les Européens, tantôt commencées par les rois du pays.

(4) Voyez-vous ces captifs, errante caravane.

Voici comment Raynal raconte la marche de ces caravanes :
« Les marchands d'hommes s'associent entre eux, et, formant
« des espèces de caravanes, conduisent dans l'espace de deux ou
« trois cents lieues plusieurs files de trente ou quarante esclaves,
« tous chargés de l'eau et des grains nécessaires pour subsister dans
« les déserts arides que l'on traverse. La manière de s'en assu-
« rer sans trop gêner leur marche est ingénieusement imaginée :
« on passe au cou de chaque esclave une fourche de bois de
« huit à neuf pieds de long, une cheville de fer rivée ferme la
« bouche par derrière, de manière que la tête ne puisse pas
« passer : la queue de la fourche, dont le bois est fort pesant,
« tombe sur le devant et embarrasse tellement celui qui y est
« attaché, que, quoiqu'il ait les bras et les jambes libres, il
« ne peut ni marcher ni lever la fourche. Pour se mettre en
« marche, on range les esclaves sur une même ligne, on appuie
« et on attache l'extrémité de chaque fourche sur l'épaule de
« celui qui précède, et ainsi de l'un à l'autre jusqu'au premier ;

« dont l'extrémité de la fourche est portée par un des conduc-
« teurs. On n'impose guère de chaînes aux autres sans en sentir
« soi-même le fardeau ; mais pour prendre sans inquiétude le
« repos du sommeil, ces marchands attachent les bras de chaque
« esclave sur la queue de la fourche qu'il porte ; dans cet état
« il ne peut ni fuir, ni rien attenter pour sa liberté. » (*Histoire
philosophique des deux Indes*, livre XI.) Le voyage de Mungo-
Park et le *Cri des Africains* par Clarkson sont les deux ou-
vrages qui parlent avec le plus d'étendue des ruses odieuses
employées pour l'achat des esclaves, de leurs souffrances du-
rant la traversée, et de leur oppression dans les colonies de
l'Amérique.

(5) Tout nus, le sein flétri du sceau des criminels.

Chaque colon qui achète un nègre lui fait imprimer sur la
poitrine, avec un fer chaud, son nom en toutes lettres : cette
opération se nomme *étamper*. Lorsque l'esclave change de
maître, il est *étampé* de nouveau ; ainsi le malheureux qui a
subi le joug de plusieurs colons, peut avoir tout le corps ci-
catrisé par cet horrible usage.

(6) Leur maître à la fureur des ondes et des vents, etc.

Plusieurs exemples attestent que les négriers enferment leurs
captifs deux à deux dans une barique qu'ils jettent à la mer,
s'ils craignent de ne pas s'enfuir assez promptement : ce crime
a eu lieu sur le navire la *Jeune Estelle*. Lorsqu'une maladie
épidémique vient à se déclarer, on précipite dans la mer les

plus malades ; c'est ainsi que le *Rodeur* a sacrifié trente-six noirs devenus aveugles. Quelquefois, comme le raconte William Wilberforce dans sa dernière lettre à l'empereur Alexandre, quand ces infortunés vont succomber aux miasmes pestilentiels qui infectent l'intérieur des navires, on les fait monter sur le pont, et, pour leur faire prendre un exercice indispensable à leur conservation, on les réduit à danser avec le poids de leurs chaînes, et de grands coups de fouet servent à marquer la mesure.

(7) **Aux premiers feux du jour, etc.**

« Au point du jour, trois coups de fouet sont le signal qui « les appelle à l'ouvrage. Chacun se rend avec sa pioche dans « les plantations où ils travaillent presque nus à l'ardeur du « soleil. On leur donne pour nourriture du maïs broyé cuit à « l'eau ou des pains de manioc ; pour habit, un morceau de « toile. A la moindre négligence, on les attache par les pieds « et par les mains sur une échelle ; le commandeur, armé d'un « fouet de poste, leur donne sur le derrière nu cinquante, « cent et jusqu'à deux cents coups. Chaque coup enlève une « portion de la peau ; ensuite on détache le misérable tout san-« glant, on lui met au cou un collier de fer à trois pointes, et « on le ramène au travail. » (Bernardin de St-Pierre, Voyage à l'Ile de France, lettre XII.)

M. Marie du Mesnil, membre de plusieurs académies, dans un poème rempli de chaleur et de verve, qui a pour titre *l'Esclavage*, et qui s'est probablement présenté au concours académique, a tracé avec vigueur le tableau des souffrances dont les Africains sont victimes ; je me fais un plaisir de citer les vers suivants :

Tandis que le sang coule et rougit les déserts,
Frémissez au tableau qui s'offre au bord des mers.
Voyez vos vils agents, dans des prisons flottantes
Entasser par milliers des victimes mourantes !
Osez donc pénétrer en ces gouffres de deuil.
Là, plus étroitement que les morts au cercueil,
Tout nus, chargés de fers et respirant à peine
Un air que tous les maux souillent de leur haleine,
Des mortels innocents gisent abandonnés
Aux supplices. . . . . . .

J'ai franchi l'Atlantique et touché l'autre plage !
Dieux ! j'y retrouve encor la mort et l'esclavage,
Là toujours l'avarice, imprimant la terreur,
Poursuit ceux que sur l'onde épargna sa fureur ;
D'une sordide main elle pèse et mesure
Leurs grossiers aliments, rebut de la nature ;
Dans un cachot humide elle creuse leur lit.....

Que d'avides colons lui servent de ministres !
Partout l'air retentit de sifflements sinistres ;
C'est le fouet qui s'agite et déchire en lambeaux
L'Africain, succombant sous de rudes travaux :
Ni ses cris, ni ses pleurs, n'arrêtent son supplice,
Et la pitié n'est plus où triomphe le vice.

(8) D'un code tutélaire invoquer les bienfaits.

Le *code noir*, publié par Louis XIV en 1685, respire des sentiments d'humanité et de justice qui honorent la mémoire de ce monarque ; mais c'est en vain qu'il impose un frein à la brutalité des maîtres et semble resserrer les limites de la misère des esclaves : la dureté des colons excède la rigueur des punitions permises, et les exécuteurs de la loi se montrent plus inflexibles que la loi elle-même.

(9) Leur case hospitalière, ouverte au voyageur, etc.

'Mungo-Park, dans son voyage en Afrique, cite une foule de traits en l'honneur de la bienveillance et de la sensibilité des Africains. Ce célèbre voyageur a plus d'une fois l'occasion de se louer de leur empressement à secourir les étrangers : il raconte avec l'accent de la plus vive reconnaissance l'hospitalité que, pendant une nuit d'orage, il reçut dans la hutte d'une famille de nègres aux environs de Ségo : les souvenirs de l'hospitalité antique n'offrent pas un caractère plus touchant. Voici en quels termes l'un des membres les plus distingués de la respectable société des Quakers, Josiah Forster, rend hommage à l'intelligence des Africains :

« Leur conduite ne prouve-t-elle pas que les vertus et les
« affections de l'humanité ne leur sont point étrangères ? nos
« relations avec eux et les rapports authentiques des voyageurs
« prouvent qu'ils sont susceptibles de bonté, de sensibilité et
« de reconnaissance; qu'ils sont capables de progrès dans les
« arts industriels et agricoles, et en état d'arrêter, pour la
« conservation de la société, des lois pleines de sagesse et de
« justice. » (Adresse aux nations de l'Europe sur le commerce homicide appelé *Traite des noirs*, publiée par la société des amis, communément nommés Quakers, résidant dans la Grande-Bretagne et l'Irlande; traduite de l'anglais.)

(10) Et l'arbre de la mort leur prêtant son rameau...

Addisson parle des nègres qui à la mort de leur maître ou à un changement de service, se pendent de douleur au premier arbre qu'ils rencontrent; il prétend que ces actes de désespoir sont fréquents dans les colonies anglaises de l'Amérique. (Le Spectateur, viiie Discours, tome 3.)

(11) Voyez ce fils en pleurs, etc.

Mungo-Park observe que l'Africain pardonne plus aisément les mauvais traitements qu'on lui fait subir, que les injures adressées à ses parents. *Frappe-moi, mais respecte ma mère.* Telle est l'expression qui se trouve souvent dans la bouche de ce peuple.

(12) La liberté souvent naquit du désespoir.

L'histoire des colonies européennes n'est qu'une histoire de révoltes, de meurtres et d'incendies. Les insurrections des noirs contre les blancs sont trop connues pour qu'il soit besoin de les rappeler.

(13) Proscrivez un trafic proscrit par l'Angleterre.

Les États de Philadelphie sont les premiers qui aient aboli l'infame trafic de la chair humaine; et l'on peut regarder Antoine Benezet, savant français refugié en Amérique pour cause d'opinions religieuses, comme un des auteurs de cette abolition. Il poursuivit son pieux ouvrage avec des soins infatigables : on lui doit cet esprit d'enquête qui a remué presque toute l'Europe commerçante, et engagé le parlement britannique à discuter sérieusement une question aussi importante pour l'humanité que pour la philosophie. C'est en 1807 que le roi d'Angleterre a revêtu de sa sanction le bill qui prononçait l'interdiction du *Slave-Trade,* après vingt années de violents débats parlementaires dans lesquels se signalèrent surtout les Fox et les Wilberforce. Madame de Staël, cette femme de génie qui a mis tant de poésie dans sa prose, parle ainsi de la fameuse séance où la Traite fut abolie : « M. Clarckson, l'un des hommes « vertueux qui travaillaient depuis vingt ans avec M. Wilber- « force à l'accomplissement de cette œuvre éminemment chré- « tienne, en rendant compte de cette séance, dit, qu'au moment « où le bill fut sanctionné, un rayon du soleil, comme pour « célébrer une fête si touchante, sortit des nuages qui cou- « vraient le ciel ce jour-là...... Il est permis aux ames picuses « d'espérer un signe bienveillant du créateur quand elles brû- « lent sur son autel l'encens qu'il accueille le mieux, le bien « qu'on fait aux hommes. » (Considérations sur la Révolution Française, tome III, 6e partie, chap. VII.)

(14) On déteste Pizarre, on bénit Las Casas.

Antoine Herréra accuse Las-Casas d'avoir conseillé et favorisé l'établissement de la Traite, afin de substituer les Africains aux Indiens dans les travaux des colonies. Robertson, Pauw, le père Charlevoix, Raynal et Marmontel répètent cette étrange accusation que plusieurs écrivains modernes ont victorieusement réfutée. M. Llorente, ce respectable savant, dont les lettres déplorent la perte récente, dans l'édition qu'il a donnée des œuvres de l'évêque de Chiapa, démontre jusqu'à la dernière évidence :

1° Que les Espagnols achetaient des esclaves nègres long-temps avant la découverte du Nouveau-Monde ;

2° Qu'ils en emmenèrent avec eux dès le commencement de leur établissement à St-Domingue ;

3° Que la Traite était autorisée au moins huit ans avant l'époque à laquelle on reproche à Las-Casas de l'avoir conseillée.

D'autres témoignages concourent à prouver que l'homme qui plaida, pendant un demi-siècle, la cause des Indiens, et qui traversa quatorze fois l'Océan pour défendre leurs intérêts, n'a pas compati avec moins d'attendrissement aux maux des esclaves de l'Afrique : je me suis donc cru suffisamment autorisé à lui faire tenir le langage que je lui prête.

(15) Marqué par l'Éternel du sceau réprobateur.

« Les arguments du christianisme contre la Traite, sont, comme
« la religion d'où ils sont tirés, pleins de simplicité et de clarté,
« mais en même temps ces arguments sont invincibles. L'Évan-
« gile de notre Seigneur J. C. est dans tout son contenu un code
« de paix, d'amour, de miséricorde et de charité ; la Traite est
« d'un bout à l'autre un système de fraude, de rapine, de vio-
« lence et de cruauté. Quand l'auteur de notre salut revêtit la
« nature humaine, il nous présenta dans sa personne le plus
« parfait modèle de piété et de vertu : il vint parmi nous pour
« guérir les corps et sauver les ames ; il enseigna à ses disciples

« que l'homme ne doit point se livrer à ses passions et aux cou-
« pables dispositions de son cœur, mais qu'elles doivent céder à
« l'influence de l'esprit de Dieu agissant sur l'ame. Dans ses
« admirables paraboles, il nous représente le bonheur résultant
« d'une vie pieuse; dans ses cures miraculeuses, nous voyons
« toujours dominer une tendre compassion pour les souffrances
« et les afflictions de l'humanité. Ses discours nous recomman-
« dent la pratique de la charité vraie et désintéressée. Tout au
« contraire, l'homme qui trafique de la vie et de la liberté de ses
« semblables s'abandonne à toutes les passions vicieuses, filles de
« l'intérêt et de l'avarice; il étouffe dans son cœur tous les sen-
« timents doux et humains, et promène autour de lui la terreur
« et la dévastation. Notre divin Rédempteur nous a donné le
« type de la plus pure, de la plus impartiale justice, quand il a
« prononcé ces paroles mémorables : « Faites aux hommes tout
« ce que vous voulez qu'ils vous fassent. » Le négrier, en viola-
« tion ouverte de cette injonction, inflige à ses frères d'indignes
« traitements, qu'il repousserait de tout son pouvoir si jamais il
« en était lui-même l'objet. Il se rend coupable d'injustice au
« plus haut chef : il prive des hommes comme lui de la liberté ;
« la liberté, présent céleste, estimé le premier entre tous les
« biens de la vie sociale; la liberté, droit inaliénable pour chacun
« des membres de la grande famille humaine, et dont nul n'a
« droit de nous priver, si nous ne menaçons pas la paix et la
« tranquillité de nos frères. » (Extrait de l'Adresse aux Nations
de l'Europe, citée plus haut.)

FIN DES NOTES.

Contraste insuffisant

NF Z 43-120-14